13 Novembre 1884.

V

VENTE

Du Jeudi 13 Novembre 1884
HOTEL DROUOT, SALLE N° 9

PORCELAINES ANCIENNES

En Pâte tendre et en Pâte dure

DE

SÈVRES, SAINT-CLOUD, CHANTILLY, MENNECY, TOURNAY

SAXE, VIENNE, HOECHST

VENISE, BORDEAUX, BERLIN, CHINE ET JAPON

Dessins, Aquarelles, Tableaux

MINIATURES, VITRINES

RICHES ÉTOFFES, BRODÉES EN OR ET SOIE
D'ÉPOQUE LOUIS XV

CINQ TAPISSERIES

EXPOSITION PUBLIQUE : *Le Mercredi 12 Novembre 1884*

DE UNE HEURE A CINQ HEURES.

COMMISSAIRE-PRISEUR	EXPERT
Mᵉ Henri LECHAT	**M. VANNES**
6, rue Baudin, 6.	54, Faubourg-Montmartre, 54.

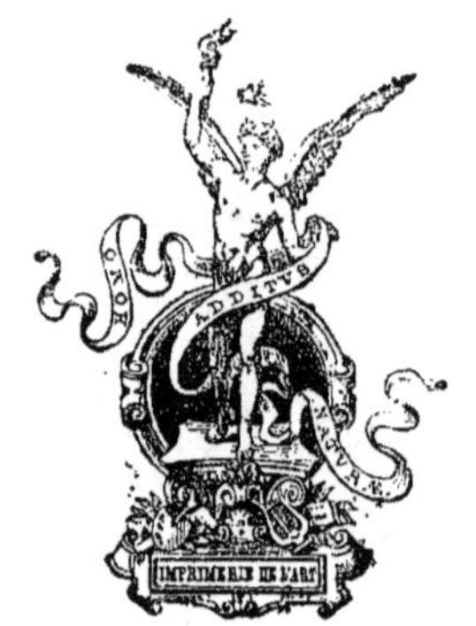
IMPRIMERIE DE L'ART

CATALOGUE

D'UNE IMPORTANTE COLLECTION

DE

PORCELAINES ANCIENNES

PATE TENDRE

DE

SÈVRES, CHANTILLY, SAINT-CLOUD, MENNECY, TOURNAY

ET

PORCELAINES ANCIENNES

De Saxe, Vienne, Hoechst, Venise, Naples, Berlin, Bordeaux
Chine et Japon

VITRINES LOUIS XVI

DESSINS, GOUACHES, AQUARELLES, TABLEAUX, MINIATURES

RICHES BRODERIES OR ET ARGENT

Chasuble — Dalmatiques — Chapes

DONT LA VENTE AURA LIEU

HOTEL DROUOT, SALLE N° 9

Le Jeudi 13 Novembre 1884, à 2 heures

COMMISSAIRE-PRISEUR	EXPERT
M° H. LECHAT	**M. E. VANNES**
6, rue Baudin, 6	54, Faubourg-Montmartre, 54

Chez lesquels se distribue le présent Catalogue.

EXPOSITION PUBLIQUE

Le Mercredi 12 Novembre 1884

DE 1 HEURE 1/2 A 5 HEURES

D 5412

CONDITIONS DE LA VENTE

La vente aura lieu expressément au comptant.

Les acquéreurs payeront en sus des enchères *cinq pour cent* applicables aux frais.

L'exposition mettant le public à même de se rendre compte de l'état des objets, il ne sera admis aucune réclamation une fois l'adjudication prononcée.

Paris. — Imp. de l'Art. E. Ménard et J. Augry
41, rue de la Victoire, 41

DÉSIGNATION DES OBJETS

PORCELAINES ANCIENNES

PATES TENDRES DIVERSES

1 — Sucrier à poudre et son plateau, décor à fleurs, en pâte tendre. — Mennecy.

2 — Autre sucrier, décor différent. — Mennecy.

3 — Autre sucrier, dans le genre de Marseille. — Mennecy.

4 — Sucrier à couvercle, décoré de fleurs. — Mennecy.

5 — Pot à lait, le couvercle orné d'une rose en relief formant bouton. — Mennecy.

6 — Petit vase de forme Médicis, orné de roses et autres fleurs. — Mennecy.

7 — Jolie tasse et sa soucoupe, ornées de roses et de tulipes. — Mennecy.

8 — Moutardier et son couvercle, même décor. — Mennecy.

9 — Autre moutardier et son couvercle, même décor. — Mennecy.

10 — Pot à poudre, à huit côtes; le couvercle est orné d'un gland formant bouton. — Mennecy.

11 — Autre pot à poudre, même genre, plus petit, décor semblable. — Mennecy.

12 — Autre, également plus petit, même décor. — Mennecy.

13 — Deux pots à crème, côtelés et décorés de fleurs. — Mennecy.

14 — Charmant petit pot, cerclé d'argent et orné, en décor bleu, d'un joli lambrequin. — Mennecy.

15 — Autre pot, même décor en pâte tendre de Saint-Cloud.

16 — Moutardier en ancienne pâte tendre de Chantilly, à couvercle, monté en argent, et surmonté d'une rose formant bouton.

17 — Autre moutardier de même genre, ancienne pâte tendre de Chantilly, décoré de bestioles et de fleurs.

18 — Coquetier en ancienne pâte tendre de Chantilly, à décor bleu.

19 — Deux pots à crème et leurs couvercles en

ancienne pâte tendre de Tournay, à décor bleu.

20 — Joli bout de table à trois compartiments, en ancienne pâte tendre de Sèvres, décoré en camaïeu rose; sur chaque panse est un amour dans les nuages.

21 — Deux pots à lait en ancienne pâte tendre de Sèvres, finement décorés de fleurs.

22 — Soucoupe-présentoir en vieux Sèvres, pâte tendre.

23 — Pot à crème en vieux Sèvres, pâte tendre; le couvercle est orné d'un dahlia formant le bouton.

ANCIENNES PORCELAINES DE SAXE

24 — Belle cafetière d'époque Louis XIV, richement décorée de fleurs et ornée sous le versoir d'écusson portant des armoiries.

25 — Paire de cafetières, décorées dans le genre de Chantilly, et ornées de mascarons.

26 — Autre cafetière, ornée de bouquets sur les côtés et d'un mascaron au versoir.

27 — Autre, à côtes; le couvercle surmonté d'un chou.

28 — Remarquable pot à crème, à anses torses,

richement décoré de fleurs et d'un marli en camaïeu jaune à bordures d'or.

29 — Jolie tasse d'époque Louis XIV, décorée en polychrome de rinceaux, de fleurs en bouquets, d'oiseaux et de feuillage.

30 — Deux belles tasses et leurs soucoupes, ornées sur blanc, de roses et d'un marli en lambrequin à bordures d'or.

31 — Tasse et sa soucoupe, à fleurs et large bordure en bleu tendre.

32 — Superbe tasse et sa soucoupe; la tasse est richement décorée d'une peinture représentant Vénus portée sur deux dauphins et accompagnée de tritons et d'amours; la soucoupe à fond bleu tendre est chargée d'arabesques d'or sur fond rose et de rayons également d'or convergeant au centre. Belle pièce.

33 — Tasse à deux anses et soucoupe en camaïeu jaune pâle, décorée sur réserves blanches de bouquets de fleurs.

34 — Deux tasses à déjeuner et leurs soucoupes, ornées de tulipes et de branches de fleurs.

35 — Petite tasse et soucoupe, décorée d'un marli rose et de fleurs.

36 — Paire de tasses mignonnettes.

37 — Beau sucrier à deux anses torsadées, orné de guirlandes de roses et fleurettes ainsi que d'un marli en camaïeu rose à imbrications ; le bouton du couvercle est formé par une fraise.

38 — Théière de même décor et même marli.

39 — Théière piriforme, côtelée et décorée de bouquets de fleurs, ainsi que de bouquets gaufrés en blanc sur blanc ; le bouton du couvercle est formé par un chou.

40 — Jolie verseuse, décor à bouquets de fleurs, anse en forme de spatule ; marque au point.

41 — Petite théière, même décor.

42 — Petit pot à thé, même décor.

43 — Théière ornée de guirlandes fleuries.

44 — Deux pots à crème avec plateaux, beau décor.

45 — Moutardier avec son plateau et sa cuillère.

46 — Clochette de table, décor à bouquets.

47 — Petit pot à crème, orné de rinceaux et fleurs.

48 — Pot à poudre, décor de fleurettes.

49 — Autre pot à poudre ; le bouton du couvercle est formé par une poire.

5o — Deux autres pots plus petits que les précédents.

5i — Soupière minuscule dont les anses sont formées par deux mascarons et la panse de fins bouquets ; sur le couvercle, une fraise formant bouton.

52 — Drageoir à monture d'argent, orné de bouquets de fleurs.

53 — Petit pot à poudre, à décor de tulipes et de roses.

54 — Beau sucrier orné, sur fond blanc, de roses, et le couvercle d'une rose formant le bouton.

55 — Pot à crème chargé de rinceaux et de roses, au point.

56 — Joli plateau à bords contournés et orné en relief de guirlandes de fleurs ; au centre, un papillon, ailes déployées.

5y — Soucoupe trembleuse ornée de tulipes et de fleurs.

58 — Plateau de forme allongée, décor à fleurettes.

5g — Pot sans couvercle, orné de guirlandes de fleurs.

6o — Deux raviers, bouquets de roses.

61 — Belle assiette à bords chantournés et à marli cotelé, décorée de tulipes et de roses.

62 — Autre assiette à bords chantournés ; au centre, un riche bouquet.

63 — Plat rond à marli treillagé et orné de fleurs.

64 — Deux soucoupes à bouquets.

65 — Une autre soucoupe ornée de guirlandes.

ANCIENNES PORCELAINES DIVERSES

66 — Beau sucrier et son plateau, richement décoré de médaillons entourés de rinceaux et de fruits ; les anses sont formées en relief par des branchages de fleurs et des fruits, le couvercle est surmonté d'une orange. — Marcolini.

67 — Autre sucrier et son plateau, à bords chantournés ; le marli est en camaïeu. Belle pièce. — Marcolini.

68 — Tasse et sa soucoupe, à marli gaufré et imbriqué, richement ornée de fruits et d'oiseaux. — Marcolini.

69 — Petite théière. Échantillon. — Marcolini.

70 — Assiette en Saxe, de Adolphe Wartens-
leben, ornée au centre d'un bouquet de
tulipes et sur le marli de trois réserves
gaufrées.

71 — Autre assiette du même artiste, même
décor à bords chantournés et côtelés.

72 — Flacon à odeurs, à pans coupés, en vieux
Saxe.

73 — Boîte à thé en camaïeu vert d'eau et ornée
de deux médaillons fleuris, vieux Saxe. Pièce
rare et de collection.

74 — Théière en porcelaine de Vienne, décorée
de feuilles en relief, le couvercle en forme de
fleur renversée.

75 — Cassolette à couvercle, en porcelaine de
Vienne.

76 — Pot à lait en porcelaine de Venise, à décor
de fleurs et fruits en relief.

77 — Sucrier à anses, en porcelaine de Mayence,
orné en camaïeu de personnages.

78 — Pot à crème, porcelaine de Hœchst ; le
couvercle est surmonté d'une fraise formant
bouton.

79 — Autre petit pot à crème, de Hœchst.

80 — Moutardier en forme de baril, de Ch.
Théodore.

81 — Pot à lait en porcelaine de Naples, orné de guirlandes de fleurs.

82 — Petit moutardier, porcelaine de Bordeaux.

83 — Pot à poudre, porcelaine de Berlin.

84 — Six couteaux à viroles d'argent, montés sur manches en vieux Saxe.

PORCELAINES DE CHINE

85 — Une assiette décorée sur blanc d'attributs, le marli est en forme de lambrequin sur fond vert d'eau. Époque des Kien-Long.

86 — Petit plat à bords cannelés, orné sur réserves blanches de fleurs, de papillons et d'insectes. Époque des Kangshi.

87 — Deux pots décorés en bleu sur blanc de médaillons et d'arabesques.

88 — Deux bouteilles à goulots surélevés, bleu sur blanc.

89 — Pot à anse, décor blanc sur bleu.

90 — Deux bouteilles piriformes, décor bleu sur blanc.

91 — Théière de la famille rose.

92 — Pot à parfums en vieux Japon, le cou-

vercle est finement ajouré en grillage, décor
bleu sur blanc.

93 — Trois couvercles dépareillés, deux en pâte
tendre, un en vieux Chine.

94 — Paire de vases à fleurettes, en faïence polychrome de Nevers.

95 — Beau vase à anses, en faïence de Marseille,
de forme ovoïde, à col surélevé, et orné sur
la panse de feuillages et de fleurs.

96 — Assiette en faïence de Nevers, à bords
dentelés. Vient de la collection Pascal.

97 — Beau drageoir en cristal de roche ; le
fond est d'une seule pièce et la monture est
en or.

GRAVURES ET PHOTOGRAPHIES D'ART

98 — Environ deux cents épreuves de choix.
(Ce lot sera divisé.)

99 — Série de seize reproductions d'œuvres
de Corot, belles photographies au charbon.
(Ce lot sera divisé.)

DESSINS, PASTELS, GOUACHES, AQUARELLES

100 — **Moreau le Jeune**. La Partie de whist. Sépia.

101 — **L. Moreau l'aîné**. Le Fort de Vincennes. Dessin.

102 — **Fragonard**. Un Palais. Dessin à la plume et à l'encre de Chine.

103 — **Pillement**. Important paysage. Dessin.

104 — **Pillement**. Étude de personnages et d'animaux. Dessin.

105 — **Moline (Pierre)**. Paysage. Sépia.

106 — **Boucher (François)**. La Fille d'auberge. Dessin.

107 — **Boucher (François)**. Femme assise. Sanguine.

108 — **Boucher (François)**. Paysage. Dessin.

109 — **Boucher (François)**. Paysage. Dessin.

110 — **Demarne**. Paysage; figures, animaux. Encre de Chine.

111 — **Robert (Hubert)**. Ruines. Dessin.

112 — **Robert (Hubert)**. Monument. Encre de Chine.

113 — **Saint-Aubin (Gabriel de)**. Allégorie. Dessin.

114 — **Cochin**. Portrait. Dessin.

115 — **Lorrain (Claude)**. Temple. Dessin à la plume.

116 — **Somm**. La Cocotte. Dessin.

117 — **Salvator (Rosa)**. Paysage. Gouache.

118 — **Salvator (Rosa)**. Paysage. Gouache.

119 — **Pérignon**. Un Moulin. Gouache.

120 — **Wagner**. Paysage. Gouache.

121 — **Wagner**. Pendant du précédent. Gouache.

122 — **Costa**. San Remo. Aquarelle.

123 — **Costa**. Pendant du précédent. Aquarelle.

124 — **Costa**. Antibes et ses environs.

125 — **Rossert**. Une Route. Aquarelle.

126 — **Hamilton (Duchesse d')**. Vue de château. Aquarelle.

127 — **Hamilton (Duchesse d')**. Vue de parc. Aquarelle.

128 — **Hamilton (Duchesse d'**. Montagnes d'Écosse. Aquarelle.

129 — **Lebas**. Falaises de Villerville. Aquarelle.

130 — **Isabey**. Vue de parc. Aquarelle signée 1816.

131 — **Thornley**. Deux aquarelles.

132 — Belles miniatures.

TABLEAUX

133 — **Huysmans** (de Malines). Paysage. Œuvre importante; provient de la collection Thibeaudot.

134 — **Tholer**. Fruits.

135 — **Calame** (École de). Effet de neige, en Suisse.

136 — **Redouté** (attribué à). Fleurs.

137 — **École flamande**. Deux paysages sur panneaux.

ÉTOFFES — MEUBLES

138 — Belle chape, d'époque Louis XV, brodée en soie et or sur fond blanc.

139 — Deux dalmatiques semblables.

140 — Riche chasuble brodée d'or fin et de soie. Époque Louis XV.

141 — Bourse, étole, manipule, brassard, même genre, même époque.

142 — Vitrine en bois de rose, garnie de cuivre avec marbre. Époque Louis XVI.

143 — Deux vitrines jumelles en bois de rose, garnies d'un marbre et de cuivre. Époque Louis XVI.

144 — Deux tabourets couverts en cuir.

145 — Deux flambeaux d'autel, en cuivre d'époque Louis XIV.

146 — Trois petits cachets anciens.

147 — Jolie carafe en marbre griotte, creusée.

148 — Sous ce numéro les objets omis au catalogue.

149 — Deux tapisseries verdures.

150 — Trois tapisseries. (Ce lot sera divisé.)

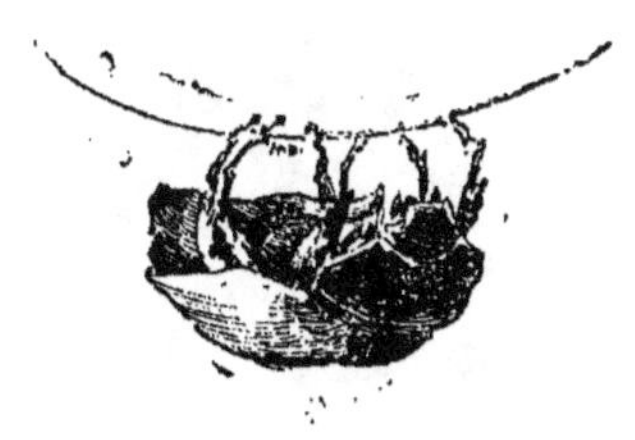